PETIT ALPHABET

DE L'ENFANCE,

OU

NOUVELLE MÉTHODE

Pour apprendre à lire en peu de temps.

PAR LES SOEURS DE SAINT-JOSEPH

de Champagnole,

A l'usage de leurs Établissements.

~~~

PROPRIÉTÉ DE L'ÉDITEUR.

Toute contrefaçon sera déférée aux tribunaux.

ESCALLE.

SE TROUVE :

A LONS-LE-SAUNIER,   A CHAMPAGNOLE,

Chez ESCALLE, libraire-éditeur.   Chez les SŒURS de St-Joseph.

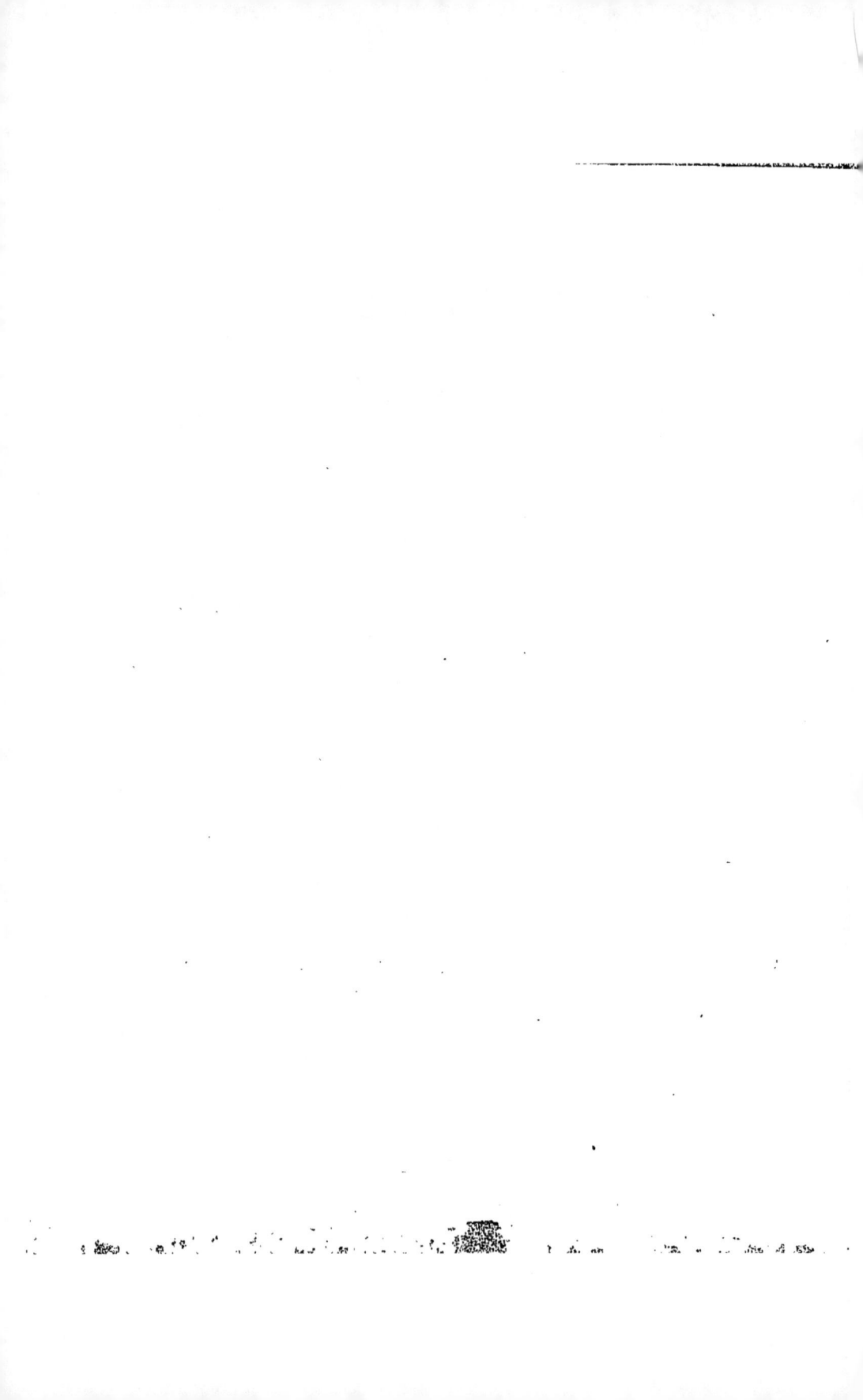

PETIT ALPHABET

DE L'ENFANCE,

ou

NOUVELLE MÉTHODE

Pour apprendre à lire en peu de temps.

PAR LES SOEURS DE SAINT-JOSEPH

de Champagnole,

À l'usage de leurs Établissements.

PROPRIÉTÉ DE L'ÉDITEUR.

Toute contrefaçon sera déférée aux tribunaux.

ESCALLE.

SE TROUVE :

A LONS-LE-SAUNIER, | A CHAMPAGNOLE.
Chez ESCALLE, libraire-éditeur. | Chez les SŒURS de St-Joseph.

1852

(778)

IIe Exercice.

a e é è ê i y o u.

b ba be bi bo bu

c ca co cu

d da dé di do du

f fa fe fi fo fu

g ga go gu

h

j ja jé ji jo ju

k ka ke ki ko ku

l la lê li lo lu

m ma me mi mo mu

n na né ni no nu

p pa pè pi po pu

q qua que qui quo

r ra rê ri ro ru

s sa se si so su

t   ta té ti to tu

v   va ve vi vo vu

x   xa xè xi xó xu

z   za ze zi zo zú

ch   cha chè chi cho chu

ph   pha phe phi pho phu

gn   gna gné gni gno gnu.

IIIᵉ Exercice.

a ba, a be, a ga, â me, a mi, a-
na, â ne, a pi, a que, a re, a vé,
a vi, a xe, a zi, é be, é cu, é lu,
é mu, é pi, è re, é té, é ve, î-
le, i ra, i re, i ve, o de, o sé, o ta,
o ve, o vé, u ne, u ni, u sa, u ve, ba
le, bi se, ca ve, cu re, di re, da té, fi-
ne, fa ne, ga re, gâ té, je ta, jo li, la-

me, li re, ma ne, mi re, na pe,
nu que, pa pe, pô le, pi qua, ra
pe, ri ve, sa le, sa li, ta re, to
que, vi te, va se, ve nu, pâli, ri
ma, i ra, ro be, so lo, bi le, du
ra, di na, po re, pi lé, co de, ri
ra, â ne, li ma, ti ré, fi la, ma ri,
ni pe, ca se, mi di, fi le, a xe, ri
xe, te nu, va qué, bu re, bu ta,
bo bo, a zi, ar ma, rêve, or me,
u ni, mè ne, a re, tê te, a mi, fi
xé, mu ni, zè le, mû re, no te, i
nu, pa pa, pi re, pè re, pâ té, re
lu, qui ne, ra de, ra ja, ra sé, tu
be, ve lu, râ le, vi ve, vo lé, du
ne, ché ri, di gne, lu xe, pha re,
ar che, pha se, li gne, zo ne, ri
che, ba gne, ki no ka gne.

IVe Exercice

ba chi que, vé ri té, la cu ne, ba
ga ge, fé ru le, fi gu re, pi lu le,
vo lu me, ca ba ne, ti mi de,
pha lè ne, ga li ne, so no re, ri
gi de, bé ni gne, pu ni ra, ra ci
ne, ha bi le, ré vé ré, vi pè re,
ca na pé, a mè re, li mo ge, ma
chi ne, ma la de, vo lup té, ca
ca o, ma li ce, ga lè re, mé lè se,
i gna re, ma xi me, zi za nie, i
gno ré, co lè re, re lè ve, de
vi ne, na sa le, ha bi le, ka
si ne, a bo li, co lè re, sa lir,
ca rê me, pa ra dis, la za re, pha
la ris, fa ci le, qua li té, re di ra,
ca li ce, que not te, o bé i, pa re
le, qui no la, é vi té, lé gu m
uo ti té, ca ba ne

Ve Exercice.

ba bi lo ne, ca ma ra de, ri di cu
le, hé té ro do xe, gé la ti ne,
phi lo so phe, la ni fè re, hé té
ro gè ne, re chi gne ra, zi be li
ne, ri di cu le, sa vo na de, so li
tu de, pa ra pho ne, ca ra bi ne,
é mé ti que, sy no ny mie, ma
gna ni mi té, sy co mo re, hé té
ro gé né i té, po pu la ce, a mé
ni té, é di li té, fi dé li té, dé chi
que te ra, é qui vo que, li mo na
de, li qui di té, lu mi è re, nu mé
ro té, pa ral lé li pi pè de, pa
ra ly ti que, ka lé i do sco pe, zo
o pho ri que, sy no di que, va
ri o li que, va ri a bi li té, vi ti
li ge, or ga ni sé, mo no mo ta
pa, lu ne ti è re, é co no mi que.

VIe Exercice.

bl	bla ble bli blo blu
cl	cla clé cli clo clu
fl	fla flê fli flo flu
gl	gla glè gli glo glu
pl	pla plé pli plo plu
br	bra brê bri bro bru
cr	cra cre cri cro cru chrê chri chro
dr	dra dré dri dro dru
fr	fra fré fri fro fru
gr	gra grè gri gro gru
pr	pra prê pri pro pru
tr	tra tre tri tro tru
vr	vra vré vri vro vru
sp	spa spé spi spo spu
st	sta sté sti sto stu
str	stra stre stri stro stru

VII° Exercice.

bra que, i vro gne, gla ce, flat te,
pla ne, stra ta gê me, é cli pse,
sé pul cre, vé ri ta ble, zo o gra
phie, che vro ta ge, a bri té, spa
ra drap, crê me, dra pe, fi bre,
pri vi lé ge, fa bri que, prô ne,
fri pe, sta ge, ka dris, ho plo ma
chie, cri se, tra ma, cré du le,
chro ni que, bra va de, ré cla me,
hy dro gra phe, pro li xe, pla ti
tu de, chri sti a nis me, bro de
rie, cru di té, pri me, hy dro pho
be, cré du li té, or tho gra phe,
fa bri qué, chry sa li de, trè ve,
cha gri né, ra cla, bri gno le, dé
ni gra, hé mé ro dro me, grâ ce,
pra ti ca ble, brû la, tra hi, tri
co te ra.

VIIIᵉ Exercice.

je tra ce, tu pri se ras, il bri da,
tu dé trô ne ras, il ré pli que ra,
tra fi qué, hié ro gly phi que, a
stro no mi que, bi bli o gra phe,
sté no gra phie, fra tri ci de, gra
ti tu de, phra se, re tra cé, flac
tu o si té, ma tri mo ni al, né cro
lo gie, phy si o no tra ce, tri co
lo re, bra mi ne, fla mi che, ré
glu re, il tri po te ra, tri ni té,
é cra sé, tré fi le rie, trot, bri dé,
a bri, fia cre, cra che, ar chi di a
cre, re plâ tra ge, fi fre, de gré,
ré cri é, o stra cis me, vo tre,
mi tré, a cri mo nie, a pô tre, pré
la tu re, ra ce, ki lo gram me,
di a phrag me, flot, cri, bru, frit,
gris.

IXe Exercice.

Voyelles composées.

ai ei oi au an ou, on.

Nasales.

am an em en im in om on

um un.

Les monosyllabes qui suivent sont les seuls où *s* final donne à *e* qui précède le son un peu ouvert.

ces , des , les , mes, ses,

tes, es, est.

Xe Exercice.

ai   ai me, lai ne, paie, fait, tai re,
     sai ne, ai le.

ei   rei ne, sei gneu ri al, vei ne,
     pei gne, tei gne,

oi   boi re, foi re, poi re, voie,
     loi, foi, soi.

au   au ne, bau me, fau te, cau se,
     pau vre.

eu   peu, beu gle, seu le, che veu,
     heu re, de meu re.

ou   cou dre, dou ble, sou ple,
     rou ble, ge nou, hi bou.

am   lam bris, cam pa gne, jam -
     ba ge, pam pre.

an   dan se, plan té, ta lis man,

an   dan se, plan té, sans, é cran,
     van.

em   tem ple, em ploi, sem ble, tem pê te, rem pli.

en   pen se, en flé, le grand, sen- ti ment, pen du, les sens.

im   sim ple, im pri ma, im por- ta, lym phe, thym.

in   di vin, ma tin, in for tu ne, in di vi du, in di vi si ble.

om   som bre, com ble, trom- pe ra, om bra gea.

on   co chon, bâ ton, fu ron cle hu ron, bon bon.

um   par fum, hum ble.

un   a lun, dé funt, em prunt, tri bun, cha cun.

XIe Exercice.

Syllabes où *e* a le son ouvert et où la consonne
qui suit est fortement sentie.

eb   ho reb, ca leb.

ec   dé lec te, bec, ob jec té, col-
lec te, nec tar.

ed   ed da, red di tion, sed litz.

ef   ef fi ca ce, ef fi lu re, ef fi-
gie, ef fec tif, nef, bref.

el   mor tel, se mel le, ja vel le.

ep   ac cep té, i nep te, cep.

er   lu zer ne, as per ge, gi ber-
ne, ta ver ne, per du.

es   es ti mé, mo les té, dé tes té,
pes te, res té.

ex   ex té nu é, ex tir per, in dex,
ex po sé, ex pul ser.

Dans la syllabe *et* qui suit, la consonne *t* ne se fait pas sentir.

et   cu vet te, pro jet, mou li net, ga zet te, in quiet, ga let te, c'est ton bou quet.

g dur devant *e, i,* au moyen de la lettre *u.*

gue   sy na guo gue, di a lo gue, fa ti gué, guer re, gue ni pe,
gui   gui de, gui ta re, gui per, à ta gui se, gui pu re.

Alphabet des Capitales.

A B C D E F G H I J K L M N O
P Q R S T U V X Y Z.

F. Gauthier, imp. à Lons-le-Saunier (Jura.)